Name _____

Name _____

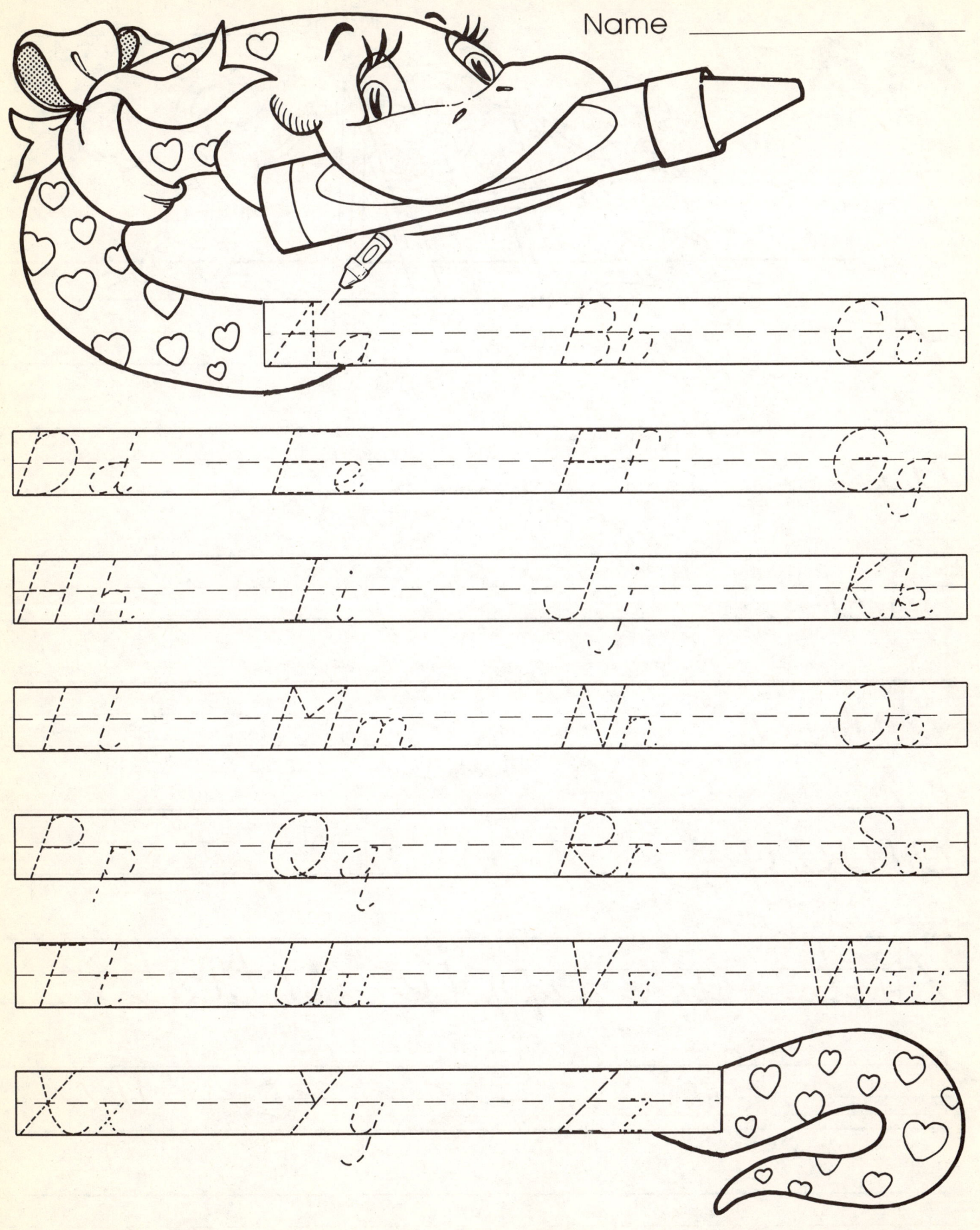

Aa

A A

a a

Aa Aa

Anna

away

Ants are apple artists.

Bb

Name _____

Bb Bb

b b

Bb Bb

Bobby

bubbles

Baby bears bite bananas.

Cc

Name _____

C C

c c

C c C c

Calvin

candy

Clumsy cooks carry cakes.

Dd

Name _____

D D

d d

Dd Dd

David

did

Damp ducks dance.

Ee

Name _____

E E

e e

E e E e

Ernie

every

Elves eat eight eggs.

Ff

F

f

Ff

Fred

fifth

Four fat foxes feast.

Gg

G g

g g

Gg Gg

George

giggle

Gorillas give great gifts.

Hh

H

h

Hh

Harry

honey

Hippos have huge hats.

Ii

Name _____

I I

i i

Ii Ii

Ivan

inside

Icy igloos include icicles.

Jj

J J

j j

J j J j

John

juice

Jellybeans juggle jacks.

Kk

Name _____

K K

k k

K k K k

Kim

kick

Koalas kindle kindness.

Mm

Name _____

M M

m m

Mm Mm

Mary

mushroom

Mice make mud pies.

Nn

Name _____

N N

n n

Nn Nn

Nan

noon

Nancy needs notes.

Oo

Name _____

O O

o o

Oo Oo

Oscar

ocean

Owls order oval olives.

Pp

Name _____

Pp

p

Pp Pp

Patty

people

Pigs plan perfect picnics.

Q q

Q Q

q q

Qq Qq

Quincy

quart

Queens quilt quickly.

Tt

Name _____

T

t

Tt

Tina

taste

Two toads tap-dance.

Uu

Name _____

U u

u u

Uu Uu

Ursula

under

Unicorns use umbrellas.

Vv

Name _____

V v

v

V v

Vana

vegetable

Vultures view violets.

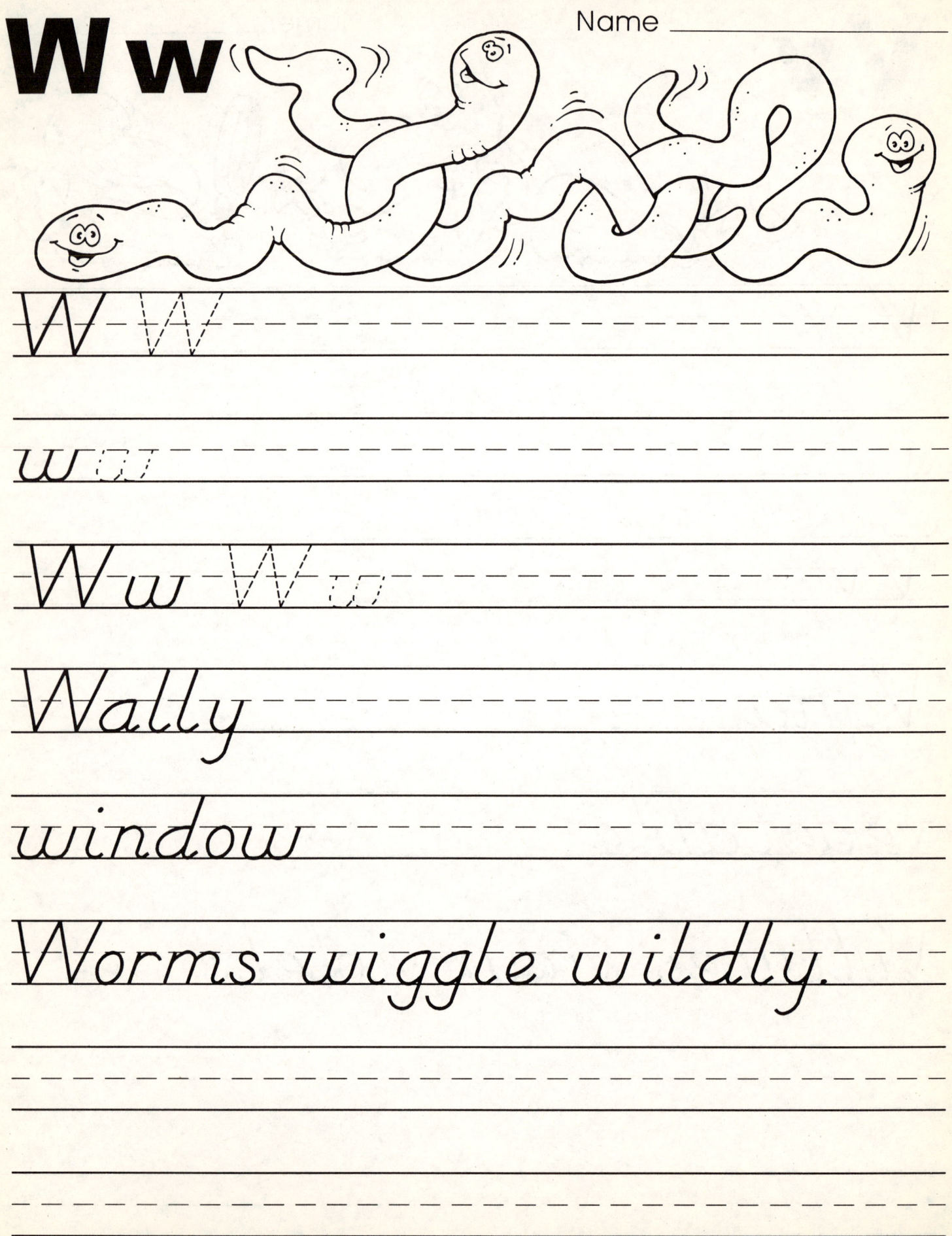

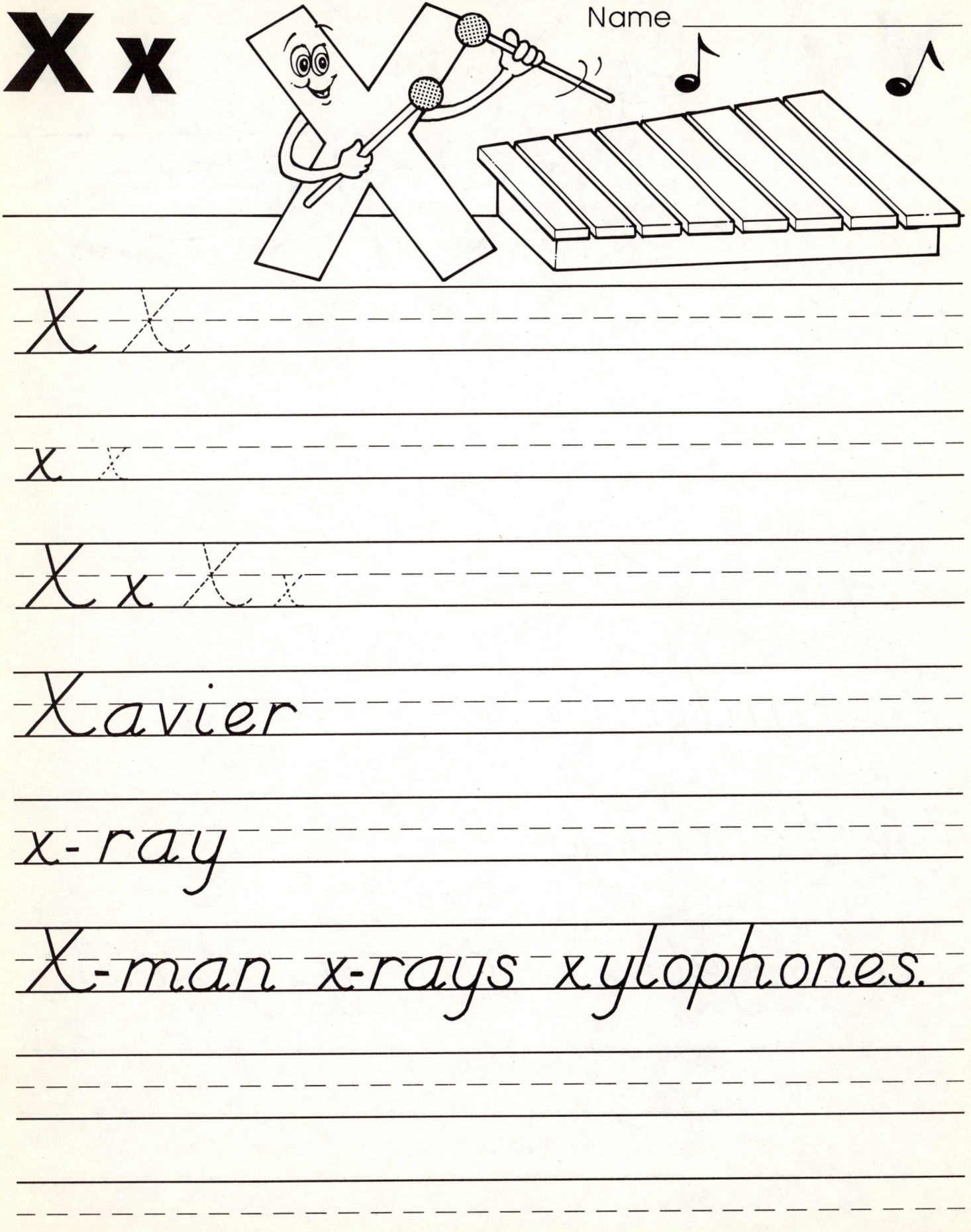

Yy

Name _____

Y y

y y

Yy Yy

Yolanda

yesterday

Yaks yell, "Yummy yams!"

Colors

Name _____

Color, trace and write.

red

blue

yellow

green

purple

orange

brown

black

Days of the Week

Name _____

Trace and write.

Sunday

Monday

Tuesday

Wednesday

Thursday

Friday

Saturday

Numbers

Name _____

Color, trace and write.

1 _one_____

2 _two_____

3 _three_____

 _four_____

 _five_____

Numbers

Name _____

Color, trace and write.

6 *six*

7 *seven*

8 *eight*

9 *nine*

10 *ten*

Numbers

Name _____

Color, trace and write.

11 Eleven

12 Twelve

13 Thirteen

14 Fourteen

15 Fifteen

Numbers

Name _____

Color, trace and write.

16 — 16 sixteen

17 — 17 seventeen

18 — 18 eighteen

19 — 19 nineteen

20 — 20 twenty

Merry Months

Name _____

Color, trace and write.

January

February

March

April

May

June

Monthly Medley

Name _____

Color, trace and write.

July

August

September

October

November

December

Family Portrait

Name _____

Color, trace and write.

father

mother

sister

brother

aunt

uncle

Getting into Shapes

Name _____

Color, trace and write.

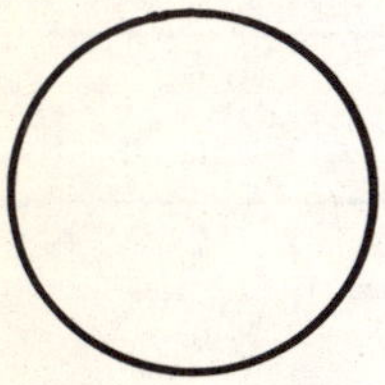

circle

square

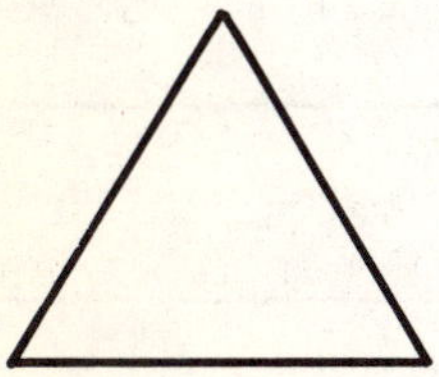

triangle

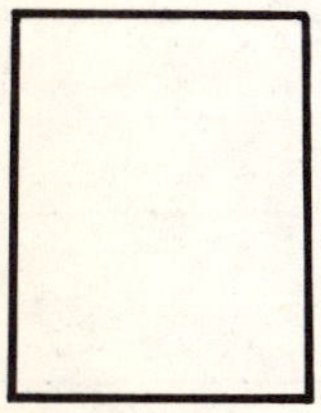

rectangle

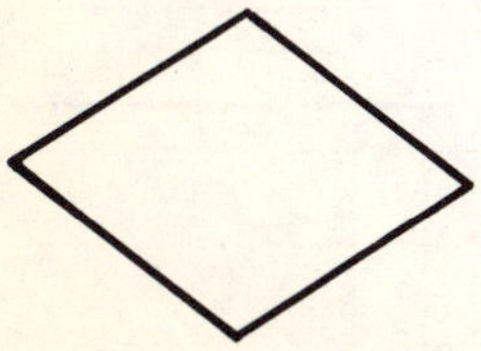

diamond

Money in the Bank

Name _____

Trace and write.

cents

penny

nickel

dime

quarter

half dollar

dollar

Where?

Name _____

Trace and write.

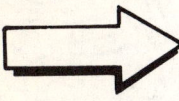 *right*

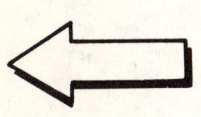 *left*

 *up*

 *down*

 *over*

 *under*

 *around*

Summer Words

Name _____

Picture labels: sunny, sailing, fishing, swimming, dry, hiking, camping, picnic, bicycling, hot

Find the summer words in the picture. Write them on the lines.

1. _____

2. _____

3. _____

4. _____

5. _____

6. _____

7. _____

8. _____

9. _____

10. _____

Add It Up!

Name _____

Add. Write the answer. Then write the number word for the answer.

| 1 | 2 | 3 | 4 | 5 |
| one | two | three | four | five |

```
  0              2
 +4             +3
 ---            ---
____           ____

____           ____


  2              1
 +2             +2
 ---            ---
____           ____

____           ____


  1              1
 +1             +4
 ---            ---
____           ____

____           ____


  1              3
 +0             +1
 ---            ---
____           ____

____           ____
```

Add It One More Time!

Name _____

Add. Write the answer. Then write the number word for the answer.

| 6 | 7 | 8 | 9 | 10 |
| six | seven | eight | nine | ten |

```
  5              3
 +5             +4
 ___           ___
 ___           ___


  4              8
 +2             +1
 ___           ___
 ___           ___


  3              6
 +5             +4
 ___           ___
 ___           ___


  1              4
 +6             +4
 ___           ___
 ___           ___
```

©1994 Instructional Fair, Inc. IF5069 Modern Manuscript

Take It Away!

Name _____

Subtract. Write the answer. Then write the number word for the answer.

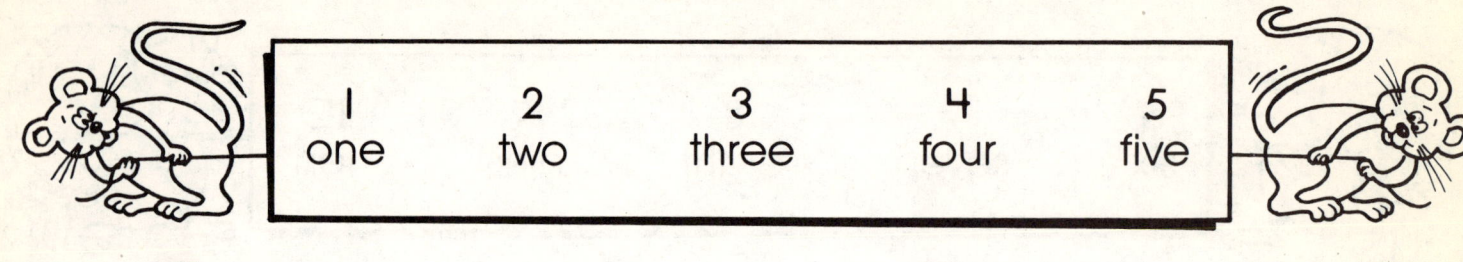

| 1 | 2 | 3 | 4 | 5 |
| one | two | three | four | five |

```
  5              4
 -2             -3
 ___           ___
 ___           ___


  4              5
 -2             -0
 ___           ___
 ___           ___


  5              4
 -1             -1
 ___           ___
 ___           ___


  5              5
 -3             -4
 ___           ___
 ___           ___
```

Take Some More Away

Name _____

Subtract. Write the answer. Then write the number word for the answer.

6	7	8	9	10
six	seven	eight	nine	ten

```
  10              9
 - 2            - 3
 ___            ___

 _____   _____

   8             10
 - 1            - 0
 ___            ___

 _____   _____

  10              8
 - 1            - 2
 ___            ___

 _____   _____

   9             10
 - 2            - 4
 ___            ___

 _____   _____
```

Trail Tracks

Name _____

1. Mrs. Rabbit likes fresh carrots.
2. Mr. Bear likes sweet honey.
3. Ms. Squirrel likes crunchy nuts.

Follow the animal tracks to the basket. Write the words in order to make sentences.

1. _____

2. _____

3. _____